VILLE DE BIARRITZ

RAPPORT

DE LA

Commission dite des Grands Travaux, et chargée de l'étude du programme présenté par l'Administration le 9 août 1881.

BIARRITZ ET BAYONNE, IMP. ET LITH. CH. BAUXOU.

RAPPORT

DE LA

Commission dite des Grands Travaux, et chargée de l'étude du programme présenté par l'Administration le 9 août 1881.

BIARRITZ ET BAYONNE, IMP. ET LITH. CH. BAUXOU.

ERRATA

Page 1, ligne 11, au lieu de : transformations nécessaires; lisez : *transformations successives.*

— 2, — 3 (nota), au lieu de : Paul Louis, lisez : *Pierre Louis.*

— 8, — 24, au lieu de : étant donnée l'expérience, lisez : *étant donné l'espérance.*

— 15, — 20, au lieu de : et en chiffres ronds 550,00 fr., lisez : *et en chiffres ronds 560.000 fr.*

— 19, — 29, au lieu de : outre les deux rues, lisez : *entre les deux rues.*

— 20, — 30, au lieu de : 1,000 mètres carrés, lisez : *100 mètres carrés.*

RAPPORT

Messieurs,

Dès son entrée en fonctions, l'Administration actuelle, en dehors des préoccupations de la gestion des affaires courantes, a pensé qu'elle devait examiner l'état de la cité qu'elle était appelée à administrer, afin de voir quelles étaient les améliorations nécessaires et de nature à satisfaire aux exigences du présent comme à celles de l'avenir.

La simple prudence l'invitait à agir ainsi. — Biarritz en effet, et nous ne saurions assez insister sur ce point, — se trouve dans des conditions spéciales, en raison de ses transformations nécessaires et de son développement énorme, depuis une quinzaine d'années.

Elle a dû, tout d'abord, reconnaître que les Administrations précédentes, n'avaient, malheureusement, pas tenu un compte suffisant de ces transformations, puisqu'elles n'avaient pas cherché à profiter des revenus qui en étaient la résultante, pour faire exécuter au fur et à mesure de ces développements les travaux de voirie indispensables et les bâtiments d'utilité publique, qu'ils nécessitaient.

Nous ne voulons pas user de cette occasion, pour blâmer ceux qui nous ont précédé ; à quoi servirait, d'ailleurs, de récriminer ! Nous ne pouvons que regretter leur timide initiative et constater que rien, ou presque rien, n'a été fait. Nous sommes ainsi dans l'obligation, à l'aide d'un effort extraordinaire, de créer d'un seul coup, ce qu'il eût été facile de faire dans une période de quinze années, avec un peu de prévoyance et le juste souci des responsabilités morales.

Aussi, lorsque dans la séance du Conseil municipal, en date du 9 août 1881, M. le Maire fit la lecture du rapport remarquable rédigé d'après les données du programme de l'Administration actuelle, et avec tous les développements techniques, que l'Architecte de la ville, grâce à ses aptitudes spéciales, y avait apportées, le Conseil tout entier fut unanime à reconnaître l'urgence qu'il y avait à exécuter ce programme, et décida qu'une Commission dite de grands travaux et composée de MM. Forsans, Moussempès, Morin, Pierre Louis et Tisnès, serait chargée de l'étudier à fond, et de faire connaître dans les délais les plus stricts, les résultats de cette étude. (1)

Dans cette même séance, le Conseil désigna les membres d'une deuxième Commission, qu'il appela Commission des Finances, qui devait au besoin se mettre en communication et conférer avec la première, afin de rechercher les voies et moyens les plus propres à la réalisation d'un emprunt suffisant, et rendre possibles immédiatement, sinon tous les grands travaux faisant l'objet du programme administratif, du moins ceux qui par leur urgence absolue, s'imposaient davantage.

Cependant, si nous voulions répondre aux vœux du Conseil, et faire un travail utile, il fallait procéder avec méthode, et faire ces études au point de vue des convenances locales et de l'exécution, et aussi, si nous voulions faciliter la tâche de la Commission des finances, au point de vue de la dépense que ces travaux allaient

---

(1) La démission collective envoyée par neuf membres du Conseil municipal, priva la Commission des grands travaux de deux de ses membres : MM. Louis Moussempès et Paul Louis, et eut pour effet de suspendre momentanément ses travaux.

Dans sa séance du 5 février 1882, le Conseil municipal invité, conformément à la loi, à reconstituer entièrement cette Commission, renomma les membres anciens, et leur adjoignit MM. Etchebéhère et Jolly en remplacement des conseillers démissionnaires.

occasionner, de l'urgence plus ou moins immédiate de chacun d'eux et en opérer enfin le classement. Ce n'est pas là, Messieurs, chose indifférente, si l'on considère la somme que ces travaux vont nécessiter, et nous pensons que, pour arriver à un classement logique, il est nécessaire de dire quelques mots sur les développements successifs de notre cité et sur ses transformations.

Il y a quelques années, Biarritz n'était qu'une ville de bains de mer, fréquentée des étrangers pendant l'été seulement. — La beauté naturelle de ses sites et ses incomparables plages, en faisaient une station des plus agréables. — Tout le monde alors semblait ignorer les pittoresques séductions des campagnes environnantes, et la douceur de son climat privilégié pendant l'hiver.

Quelques étrangers, plus nombreux chaque année, retenus par le charme que Biarritz exerce sur tous ceux qui l'ont habité quelque temps, éprouvèrent le besoin de s'y installer, et petit à petit, à côté de la population indigène, on vit se former et grandir une population cosmopolite, composée de grands noms étrangers et des privilégiés de la fortune — et c'est à ce noyau d'une société choisie, que Biarritz doit et son développement et sa transformation opérée en si peu d'années, et qui en font, en même temps qu'une station de bains de mer sans rivale, une ville d'hiver des plus goûtées.

Mais nous devons ajouter que tous ses dons naturels n'auraient pas suffi, s'ils n'avaient été complétés par un air absolument pur, et par l'absence de toutes les causes d'insalubrité qui en font un séjour des plus sains et des plus fortifiants. Aussi, devons-nous, sous peine de méconnaître les vrais intérêts de notre cité, ne rien négliger pour lui conserver cette bonne réputation, et l'augmenter davantage encore, si cela est possible. Enfin, en même temps que la ville, sa population se développait et s'agglomérait, et cet ancien petit village que nous avons tous connu, est aujourd'hui une ville de 8,500 habitants sans y comprendre la population flottante toujours de plus en plus nombreuse.

Voilà pourquoi nous ne pouvons plus raisonner comme on le faisait autrefois, alors que Biarritz n'était qu'un village. — Cet accroissement si considérable de sa population, le nombre toujours augmentant de ses hôtes, s'ils assurent l'avenir, ne l'assurent qu'autant que Biarritz gardera intacte sa réputation. Mais cette agglomération apporte avec elle en même temps que ses avantages, ses inconvénients dont le plus grand, et celui dont nous devons surtout nous défendre, est causé par les détritus de toute sorte qui en résultent et qui sont pour notre ville la seule cause d'insalubrité. — Nous n'arriverons à nous en défendre qu'en créant tous les éléments de propreté et d'assainissement que la prudence indique, et que les étrangers réclament, d'ailleurs, avec instances.

Nous sommes, ainsi, amenés à placer en première ligne, et comme les plus urgents, tous les travaux relatifs à l'assainissement et à la propreté, tels que :

1° Le cimetière annexe ;
2° L'alimentation hydraulique ;
3° Les égouts ;
4° Les lavoirs publics ;
5° Le marché couvert.

et en deuxième ligne :

1° Le grand boulevard passant au pied du Casino ;
2° L'abattoir ;
3° Deux écoles mixtes.

LE CIMETIÈRE ANNEXE

Nous ne pensons pas qu'il soit nécessaire d'entrer dans aucun développement au sujet de la création de ce nouveau cimetière, dont le caractère d'urgence ne sera combattu par personne.

Cette question a été traitée à fond, dans le rapport remarquable que Monsieur le Maire fit en réponse à celui de la première commission chargée d'étudier le projet de l'Administration. Toutes ses assertions que certains esprits... forts, persistent à nier, ont été corroborées par le rapport du conseil d'hygiène, qui, à l'unanimité, a conclu dans le même sens. — Enfin, la Commission chargée d'examiner si les pièces de l'enquête qui avait eu un si grand retentissement (grâce aux efforts d'une coterie, dont la principale préoccupation n'est peut-être pas l'intérêt de Biarritz) n'apportait pas quelque argument nouveau, d'une valeur sérieuse, et de nature à modifier les projets approuvés par le Conseil, a déposé son rapport, et la question est aujourd'hui tranchée.

Nous pouvons donc décrire le projet et déterminer la dépense qu'il va nécessiter.

Il consiste dans l'achat des champs Pagès et Moussempès, le long du chemin du Sabaou, à une distance de 480 mètres du chevet de l'église et du cimetière actuel.

Le chemin du Sabaou serait élargi et porté à 15 mètres, de manière à permettre l'établissement de deux larges trottoirs de 4 mètres, et d'une chaussée de 7 mètres.

Ce boulevard aurait une longueur d'environ 430 mètres.

Les travaux pour le cimetière annexe consisteraient :

En travaux de terrassements ;
Tracé des allées ;
Murs de clôture avec porte d'entrée monumentale ;
Dépôt provisoire des morts ;
Logement du gardien ;
Enfin les derniers travaux d'appropriation.
Ils nécessiteraient une dépense totale de 140,000 fr.

L'ALIMENTATION HYDRAULIQUE

Biarritz est aujourd'hui alimenté par les sources de Haraout, situé sur le flanc ouest du plateau du Braou, et en face du plateau de la Hontine. Ces sources n'ont qu'un débit malheureusement très-limité et pouvant être évalué en moyenne à 3 litres par seconde, soit 259^m 200 décimètres cubes par 24 heures. Ces eaux se déversent dans un réservoir insuffisant, dépourvu de chambres de filtrage, et de compartiments permettant son nettoyage sans arrêter un service aussi important. Elles sont amenées à Biarritz par des conduites en fonte; mais comme le niveau du réservoir de prise ne se trouve qu'à la cote de 40^m au-dessus du niveau de la mer, il n'est possible d'alimenter que les quartiers bas de la ville, et les borne-fontaines les plus élevées ne vont pas au-delà de l'Hôtel des Princes, rue de Silhouette, et du chemin de Grammont, vers la rue de France.

Tout le reste de la ville est absolument dépourvu, et si nous considérons que certains quartiers, où la population se trouve plus resserrée et plus dense, le haut de la rue de Silhouette, toute la rue d'Espagne, le quartier des Ecoles, le haut du quartier de la rue de France, sont du nombre des déshérités, nous devons reconnaître l'urgence absolue, indiscutable, qui fait que nous plaçons en première ligne, les travaux nécessaires à l'alimentation hydraulique de ces quartiers. C'est là, une œuvre de réparation et de justice dont nous ne pouvons nous désintéresser.

Nous avons dû, tout d'abord, rechercher s'il n'existait pas des sources dans les environs de Biarritz, et à une altitude permettant l'alimentation des quartiers hauts, sans l'emploi de machines élévatoires; nous n'avons malheureusement rien trouvé. — La seule source abondante, environ 16 litres par seconde, fournissant une eau potable, nous fût indiquée par M. le Maire. Elle se trouve dans le lit d'un ruisseau qui alimente le lac de la Négresse, et dans la partie de ce ruisseau qui traverse un marais appartenant à M. Laborde. Cette source gît à la cote 11 et nécessiterait des dépenses trop fortes pour en amener les eaux en ville.

Et puis, nous devons le dire, ses qualités ne nous satisfont pas entièrement.

L'analyse de cette eau, faite par M. Ed. Landrin, chimiste à Paris, et un de nos spécialistes les plus sûrs, donne les résultats suivants :

Matières organiques.	0
Silice	traces
Sulfate de chaux.	0.022
Carbonate de chaux.	0.264
Carbonate de magnésie. . .	0.003
Chlorure de sodium	0.012
Résidu sec par litre. .	0.301

On le voit, quoique potable, cette eau est très chargée en carbonate de chaux qui la rend médiocre.

En dehors de cette source, nous n'avons plus à notre disposition que celle dite de Haraouts, dont j'ai indiqué déjà l'altitude (cote 40). Ces sources ont l'avantage de se trouver à un niveau très supérieur aux premières, d'être beaucoup plus rapprochées de Biarritz, et enfin de présenter comme qualité une pureté tellement rare, que le chimiste, M. Landrin, ne peut s'empêcher de les considérer comme constituant, à ce point de vue, une véritable anomalie.

Voici d'ailleurs l'analyse d'un litre de cette eau puisée dans la galerie :

Matières organiques.	0
Sulfate de chaux.	traces
Carbonate de chaux.	0.045
Carbonate de magnésie. . .	0.000
Chlorure de sodium	0.005
	0.050

Nota. — La composition de cette eau, presqu'aussi pure que l'eau distillée, constitue une véritable anomalie.

En face d'une analyse aussi concluante, le rôle de la Commission était tout indiqué. Elle n'avait plus, en effet, qu'à rechercher s'il ne serait pas possible d'augmenter à l'aide de certains travaux de captage, le débit insuffisant de ces sources.

L'Administration, d'accord en cela avec la Commission, chargea M. Geindres, ingénieur géologue très connu, et d'une expérience que tout le monde apprécie, d'étudier le gisement des sources de Haraouts, et d'exprimer son opinion sur les chances que pourraient offrir des travaux de captage, sérieusement conduits ; de dire enfin ce qu'il fallait en espérer au point de vue de l'augmentation du débit des eaux.

M. Geindres répondit : Que s'il était donné suite au projet qu'il avait déjà exposé à l'Administration précédente, c'est-à-dire à la construction de galeries de captage, à la place où avait été autrefois pratiquée, selon ses indications, la tranchée à ciel ouvert, et de galeries souterraines dans la direction où les eaux paraissaient arriver avec le plus d'abondance, on pouvait compter sur un débit de 10 litres par seconde, et qu'à défaut de certitude absolue, il y avait certainement de grandes probabilités.

Etant donnée l'expérience de tels résultats, il n'y avait pas d'hésitation possible, et d'accord avec le Conseil municipal, et aussi dans le but de gagner du temps, ces travaux furent ordonnés, et s'exécutent en ce moment sous la direction de Monsieur l'ingénieur Geindres. Déjà les premières tentatives de galeries, qui se commencent à peine, donnent des espérances, et tout fait supposer qu'à l'aide de ces travaux on obtiendra le résultat indiqué.

C'est donc dans l'hypothèse d'un débit moyen de 10 litres par seconde, que votre Commission a déterminé la suite qui devait être donnée aux travaux d'alimentation hydraulique, et elle a décidé, sauf votre approbation, que le projet serait étudié sur les données suivantes :

1° Débit de 10 litres par seconde, ce qui pour une population moyenne de 10,000 âmes, donne 86 litres 4 dizièmes par habitant ;

2° Installations de machines mues par la vapeur destinées à élever les eaux à la hauteur nécessaire pour l'alimentation des points les plus élevés de la ville, en tenant compte des pertes de charges.

3° Distribution à l'aide de tuyaux en fonte, d'un diamètre assez fort pour permettre à un moment donné, et sans modifications, l'alimentation à l'aide d'un volume triple. Et cela, Messieurs, pour prévoir le cas où la ville de Bayonne se décidant à faire arriver les eaux d'Hoursouya, la ville de Biarritz pourrait à son tour, profitant de ces travaux, s'embrancher sur cette ligne, et atteindre le résultat le plus favorable.

ESTIMATION

Ce projet étudié par l'architecte de la ville, pour desservir tous les quartiers de Biarritz, comprend :

1° Les travaux de captage évalués   40,000 fr.

2° Les frais d'établissement d'un château-d'eau et de deux machines élévatoires, avec bâtiments pour les machines, magasin de charbon et logement du chauffeur, ci . . . .   50,000 fr.

Château-d'eau, ou machine complémentaire. . . . .   20,000 fr.

L'alimentation se fera par un réservoir de 1 million de litres ou mille mètres cubes, établi sur le point le plus élevé de Biarritz, vers l'ancienne tour du télégraphe aérien, et dont la construction est évaluée, ci..   30,000 fr.

Un deuxième réservoir serait établi sur un point le plus élevé du plateau de Grassy. Il servirait à équilibrer les charges, et à régulariser

A Reporter   130,000 fr.

Report	140,000 fr.

la distribution. Sa contenance serait de 500,000 litres, soit 500 mètres cubes et il coûterait, (1) ci . . . . **20,000 fr.**

Le développement de la canalisation pour la distribution des eaux sera de 6 kilomètres. Le prix moyen par mètre étant de 18 fr., la dépense totale sera de. . . . . **108,000 fr.**

Achat de terrain pour l'établissement de la machine du château-d'eau, des réservoirs et indemnités, ci . . . **40,000 fr.**

Fourniture et pose de robinets d'arrêt, de décharge, ventouses, bouches d'eau sous trottoirs pour l'arrosage et les incendies, ci . . . . **10,000 fr.**

Total	318,000 fr.
Et en chiffres ronds, ci . . .	320,000 fr.

LES ÉGOUTS

On est unanime à reconnaître qu'il n'existe pas d'égouts en ville, et que les quelques aqueducs à très petite section, qui ont été établis sur certains points, ne rendent d'autre service que d'infecter les rues qu'ils desservent. Ils donnent périodiquement un prétexte à des plaintes malheureusement trop justifiées, et quelque dispendieux que puisse être un réseau d'égouts complet,

---

(1) Les tuyaux de décharge et de trop-plein, de ces deux réservoirs, seraient mis en communication avec les deux têtes d'égouts collecteurs, et serviraient à déterminer les chasses nécessaires au lavage et au nettoyage de ces égouts.

nous pensons qu'il est impossible d'en retarder l'exécution, que l'avenir de Biarritz en dépend, et qu'il convient
d'assurer à bref délai le complet fonctionnement d'un
service aussi important.

Nous avons cherché quels étaient les progrès réalisés
par la science moderne ; nous avons étudié les différents systèmes expérimentés dans les grandes villes,
aussi bien en France qu'en Angleterre, et après en avoir
examiné les avantages et les inconvénients, nous avons
été unanimes à reconnaître qu'il était sage de donner la
préférence au système qui nous paraissait devoir réaliser les résultats les meilleurs, en tenant compte des acci-
dents du terrain sur lequel la ville est bâtie, des avantages qu'ils doivent présenter en accélérant l'écoulement
des matières dans les égouts, et enfin en cherchant à les
faire aboutir vers les points qui sont de nature à créer
les moindres inconvénients.

Voilà pourquoi nous avons donné la préférence au
système généralement adopté en France, c'est-à-dire aux
égouts à grande section, section déterminée par la
quantité présumée de matières auxquelles ils doivent
servir de véhicule, et aussi par l'importance du bassin
dont ils doivent écouler les eaux pendant les orages.

Enfin, il nous a paru qu'il ne fallait pas laisser se
produire, comme cela existe dans quelques aqueducs,
(celui de la rue Mazagran, par exemple) des causes per-
manentes d'infection, en permettant l'écoulement dans
l'aqueduc, non-seulement du trop-plein des fosses d'aisance, mais des matières elles-mêmes. Pour concilier
dans une juste mesure l'intérêt général et l'intérêt particulier, s'il est bon d'autoriser les riverains à faire déverser
dans les égouts les eaux de pluies et les eaux vannes, souvent difficiles à emmagasiner dans les maisons, il convient
d'interdire, avec une extrême rigueur, la moindre communication entre ces égouts et les fosses d'aisance. En
ouvrant l'égout aux eaux vannes on évitera aux proprié-
taires la construction de fosses encombrantes et quelquefois très difficiles à construire.

Ces principes établis, il nous reste à étudier s'il n'y
aurait pas un moyen de nature à empêcher le dégage-
ment des odeurs malsaines. On verra plus loin, dans la
description qui sera faite du réseau d'égouts, que ces
derniers n'ont d'autres communications avec l'extérieur
que les bouches — destinées à écouler les eaux des

voies publiques. Ces bouches devront être pourvues d'appareils inodores les plus perfectionnées, et qui sont destinées à empêcher la sortie des gaz délétères. Cependant, pour atteindre un résultat plus certain, nous avons pensé qu'il fallait empêcher la formation de ces gaz, au moyen d'un lavage opéré par des chasses très énergiques avec un volume d'eau considérable, s'écoulant sur des rampes comme celles que présentent les voies suivies par les collecteurs.

Vous vous souvenez, Messieurs, que dans le projet d'alimentation hydraulique, nous avons prévu deux réservoirs importants, le 1er sur le plateau de l'Eglise, à proximité de l'ancienne tour du télégraphe et d'une capacité de 1 million de litres, le 2° sur le plateau dit de Grassy, d'une capacité de 500 mille litres. C'est à l'aide de cet énorme volume d'eau, emmagasiné pendant la nuit, qu'il sera possible d'opérer ces lavages, et nous avons tout lieu d'espérer qu'avec cet ensemble de précautions, nous obtiendrons des résultats aussi parfaits que possible,

On verra bientôt dans la description que nous ferons à grands traits, des principaux égouts, que nous avons cherché à éviter la faute commise par l'Administration précédente, qui faisait aboutir le seul égout existant sur la plage même, et vers l'endroit le plus fréquenté par les baigneurs. Qu'il nous suffise de dire que pour éviter un inconvénient pareil, nous dirigeons les égouts sur les différents points de la côte les plus éloignés des plages et constamment baignés par les flots.

Maintenant pour en finir sur un sujet aussi important, il ne nous reste plus qu'à vous faire connaître la disposition et le trajet suivi par les principaux égouts.

ÉGOUTS A GRANDE SECTION

Il y a d'abord deux grands collecteurs de forme ovoïde et dont la section serait de 1 mètre 96 décimètres carrés.

Nous les désignons pour plus de clarté, par : collecteur n° 1 et collecteur n° 2.

L'égout collecteur n° 1 part de l'embranchement de la route nationale n° 10 avec la rue d'Espagne, suit la rue d'Espagne jusqu'à la bifurcation de la rue des Basques et de la rue Silhouette et se bifurque sur ce point.
— Une branche suit la rue Silhouette jusqu'à la place de la Mairie, continue par la rue Mazagran jusqu'à la place Eugénie, contourne la chapelle, et va se jeter dans la mer, vers le trou de Madame, en franchissant l'Atalaye, sous le tunnel existant.

L'autre branche descend la rue des Basques, la rue Peyroloubil et aboutit à la rue du Port-Vieux, pour se bifurquer de nouveau ; et d'un côté, il va par grande section rejoindre celui de la place Eugénie en suivant la rue du Port-Vieux, et de l'autre côté, en moyenne section, il se dirige jusqu'au Port-Vieux, vers le point connu sous le nom de Darré-Marie, où il se jette dans la mer.

L'égout collecteur n° 2 part du sommet de la rue de France, au droit de la propriété de M. Fowler ; il suit la rue de France jusqu'à l'entrée de Biarritz, au carrefour de la place de la Liberté ; descend en contournant l'ancienne propriété Bellairs, longe le flanc de la Falaise du Grand-Hôtel, va rencontrer la route au pied du Casino, et suit cette route jusqu'à la roche du Basta à l'extrémité de laquelle il se déverse dans la mer.

ÉGOUTS DE MOYENNE SECTION

(La section de ces égouts est de $0^m 86^c$.)

Les égouts à moyenne section comprennent celui dont il a été question ci-dessus, qui dessert le quartier du Port-Vieux et que nous désignons par égout moyen n° 1.

Un second égout (égout moyen n° 2) part du carrefour de la route nationale n° 10 et de la rue d'Espagne, longe la route nationale jusqu'au carrefour de la place de la Liberté, où il rencontre l'égout collecteur n° 2.

Enfin, des égouts secondaires à section variant suivant l'importance des quartiers qu'ils desservent, et dont la section moyenne peut être évaluée à 0^m32^c, se déversent dans les grands égouts, et il en sera établi un nombre suffisant pour assurer le service de toutes les rues de la ville.

ESTIMATION

Ces égouts auront un développement :

Pour les égouts à grande section, désignés par grands égouts collecteurs n° 1 et n° 2, de 2 kilomètres 500, à 80 fr. le mètre linéaire, ci . . . . .   200.000 fr.

Pour les égouts en moyenne section, n° 1 et n° 2, de 2 kilomètres, à 50 fr. le mètre linéaire, ci . . . .   100.000 fr.

Pour les égouts secondaires à petite section, de 4 kilomètres, à 30 fr. le mètre, prix moyen, ci . . . . . .   120.000 fr.

BOUCHES D'ÉGOUT

300 bouches inodores en fonte, établies sous trottoirs et mises en communication avec l'égout par des branchements transversaux, coûteront chacune 180 fr., soit ensemble . . . .   54.000 fr.

A reporter . . . .   474.000 fr.

Report. . . . .   474.000 fr.

CHAUSSÉES D'EMPIERREMENT

A la dépense ci-dessus, il convient d'ajouter la réfection des chaussées d'empierrement, car la construction des égouts a pour conséquence la démolition de ces chaussées dont il faut prévoir le rétablissement et l'amélioration ; sur beaucoup de points on peut considérer qu'il n'en existe pas.

Le développement des égouts à construire étant de 8 kilomètres 500 et la longueur moyenne des chaussées de 5^m la surface totale à reconstruire sera de 42,500 mètres superficiels.

En évaluant à 2 fr. le prix moyen par mètre superficiel, on arrive à une dépense de. . . . .   85.000 fr.

Soit pour l'ensemble. . . .   559.000 fr.
Et en chiffres ronds. . . . .   550.000 fr.

LAVOIRS PUBLICS

Il existe à Biarritz un certain nombre de lavoirs, établis de la façon la plus primitive, exposés à toutes les intempéries, et auxquels, pour être juste, il conviendrait d'appliquer le qualificatif de cloaques.

Ces lavoirs, disséminés sur tous les points de la ville, alimentés par des sources ou par des ruisseaux d'un débit insuffisant dont l'écoulement a lieu à l'air libre, ont pour propriété de corrompre les eaux, qui s'échauffant pendant la saison chaude, répandent sur leur trajet une odeur nauséabonde, qui soulève tous les étés des plaintes nombreuses qu'il est bon de faire cesser.

D'ailleurs, la partie de la population que les lavoirs intéresse particulièrement, la classe ouvrière, se plaint avec raison d'un tel état de choses, et demande, à grands cris, l'établissement de lavoirs couverts où les femmes ne soient plus exposées à contracter des maladies souvent dangereuses.

Pour remédier, dans la mesure du possible à un tel état de choses et concilier tous les intérêts, nous avons pensé qu'il convenait d'établir sur les différents points où cela est facile sans retomber dans les inconvénients que nous signalons, des lavoirs couverts, construits sur un programme pouvant satisfaire toutes les exigences, et facilitant le travail des laveuses.

Dans ce but, nous avons fait étudier le type d'un lavoir couvert, dont le bassin, divisé en plusieurs compartiments, rendît facile, sans déranger personne, la vidange de certains compartiments, afin de permettre l'éclaircissage du linge. Nous avons demandé que chaque place fût munie d'une pierre à angles arrondis, avec cuvette spéciale pour le savon, et que l'emplacement sur lequel se tiennent les laveuses fût asséché au moyen d'un large canniveau, recouvert d'un grillage ou caille-boutis en bois.

Enfin, l'établissement contre les murs de la construction servant d'abri, de consoles portant deux longrines en bois arrondi, sur lesquelles on puisse mettre le linge lavé et le laisser égoutter.

Il ressort de cette étude que, dans un lavoir établi sur un tel programme, la place occupée par chaque laveuse coûterait à la ville 250 francs.

Nous avons retenu des anciens emplacements tous ceux qui pouvaient être utilisés en raison de leur situation ; en voici la nomenclature :

1° Le lavoir Lalanne, rue d'Espagne, et qui remanié

pourra contenir. . . . . 45 places.

2° Le lavoir Salon, au quartier du même nom. . . . . 20 places.

3° Le lavoir du Bois de Boulogne, sur le côté sud de l'étang Mouriscot. . . . . 30 places.

Et parmi les lavoirs à créer :

4° Un grand lavoir, le long du mur d'enceinte du nouvel abattoir. . . . . . . 50 places.

5° Un grand lavoir, au quartier dit de Larochefoucauld. . . . . 50 places.

6° Un lavoir, au bas du quartier de Haraout. . . . . 20 places.

Ce qui fera un total de. . . . . 215 places.

Biarritz alors divisé par zones, aurait ce service assuré dans les centres populeux de la manière suivante :

Pour le service de la rue d'Espagne et quartier de l'Eglise, lavoir Lalanne, disposant de. . 45 places.

Pour le service de la rue d'Espagne, quartier des Ecoles, et quartier Beau-Rivage, le lavoir à créer à l'abattoir, et disposant de. . . . . 50 places.

Pour le service de la rue de France, et quartier environnant cette rue, quartier Larochefoucauld, le lavoir à créer, quartier Larochefoucauld, et disposant de. . 50 places.

Pour le service du quartier du Sabaou, le lavoir de Haraout. . . . . 20 places.

Le quartier Salon serait desservi par le lavoir de même nom, et disposant de. . 20 places.

Enfin, le quartier de la Négresse aurait à sa disposition le lavoir de Mouriscot, contenant. . . . . 30 places.

Tous ces lavoirs, on le voit, ont une situation telle, que les inconvénients signalés n'existent plus ; et nous avons la certitude qu'avec 215 places et une bonne installation, nous satisferons aux exigences de la population.

Nous reportant à l'estimation du lavoir type dont nous avons parlé plus haut, et à la dépense moyenne de 250 fr. par place, nécessitée par des constructions de

cette nature, nous pouvons indiquer que la dépense
totale atteindra. . . . .   55.000 fr.

Si l'on admet que l'Etat rentre en parti-
cipation dans cette dépense pour le tiers,
soit pour. . . . .   18.000 fr.

Il reste. . . . .   37.000 fr.

Ce qui porte à 37,000 fr., la dépense nécessaire à l'installation complète de lavoirs couverts pour le service de
la population.

LE MARCHÉ COUVERT

Vous savez tous, Messieurs, que le marché actuel
appartient à un particulier, M. Russac, et que les emplacements utilisés par la ville, ont été mis à sa disposition, moyennant une allocation annuelle de mille
francs.

La construction de ce marché, au moment où il fut
créé, répondait à un besoin urgent et constituait une
création utile ; aucun abri n'existant alors. Aujourd'hui,
il est incontestable qu'il est devenu absolument insuffisant. L'Administration, vous ne l'ignorez pas, a dû pour
éviter, je ne dirai pas un encombrement fâcheux, puisqu'il
existe toujours, mais l'envahissement des trottoirs de la
rue Silhouette, demander, il y a quelques mois à peine,
un crédit pour établir provisoirement des abris en plan-
ches au jardin Dumont, et faire droit aux réclamations
des marchands.

Enfin, l'absence des dégagements autour d'un marché
où la foule se porte à certaines heures, et qui borde une
rue très passagère et très étroite, constitue un danger
pour la circulation, et chacun de vous, nous n'en dou-
tons pas, a été témoin de réclamations répétées. Plus
nous allons, et plus cette situation s'aggrave, par suite

de l'importance qu'acquiert notre ville. — Il est donc
nécessaire de penser à la construction d'un marché
couvert, assez vaste pour répondre aux exigences ac-
tuelles, et placé autant que possible au centre de Biarritz. — N'est-ce pas d'ailleurs dans ce but, que la propriété Dumont avait été achetée ? Il nous semble donc
superflu d'insister davantage.

Une considération d'un autre ordre, doit nous inviter
à hâter la solution de cette question. Nous devons, en
effet, chercher à augmenter les revenus de la ville, qui,
à mesure qu'elle se développera, devra faire face à des
dépenses plus grandes. Or, à ce point de vue, la construction d'un marché couvert est une opération parfai-
tement sûre, et constituant un excellent placement.

Il n'y a donc pas lieu d'hésiter à emprunter, si cela est
possible, la somme nécessaire à son exécution.

Le marché couvert serait établi sur le terrain appartenant à la ville et connu sous le nom de propriété
Dumont. Le choix de cet emplacement a cela d'excellent,
qu'il se trouve à cheval sur deux rues, la rue de Silhouette et la rue des Champs, qu'il est accessible sur
deux points diamétralement opposés, ce qui a pour effet
de la centraliser davantage.

Mais pour donner aux constructeurs, qui seront char-
gés de l'édification du marché, la possibilité de produire
une œuvre artistique de quelque valeur, tout en obtenant les dégagements indispensables, il nous a paru
nécessaire d'acheter une bande de terrain sur la propriété de M. Lacombé, outre les deux rues précitées.

On pourrait alors prévoir un marché couvert de
1,200 mètres de surface, s'obtenant par un rectangle
de 20 mètres sur 60. — Ce qui permettrait de l'isoler de
toutes parts, et d'avoir de chaque côté, dans le sens
longitudinal, des rues suffisamment larges.

Ce marché se composerait :

1° D'un sous-sol divisé en compartiments destinés aux
marchands qui pourraient ainsi laisser leurs denrées en
dépôt et sous clef.

De la halle proprement dite aux larges circulations,
afin que l'accès des différents étaux soit des plus faciles.
Elle serait entourée de trottoirs aussi larges que possible.

Etant donné, le prix des bâtiments similaires construits dans la plupart des villes, nous pouvons d'avance

en fixer le prix approximatif, sur lequel serait d'ailleurs basé le concours public, rendu nécessaire pour l'étude de ce projet.

Terrain à acquérir (évalué à 30 fr. le mètre) ci . . . .   22,000 fr.

Construction. — Fondation et sous-sol, ci . . . .   30,000 fr.

Construction d'une halle de 12,000 mètres carrés, ci . . . .   120,000 fr.

Aménagements, rues et trottoirs, ci.   18,000 fr.

Poids public . . . .   10,000 fr.

Total. . . . . .   200,000 fr.

Disons en passant que la longueur du terrain est telle, qu'il serait possible d'établir d'un côté ou de l'autre une vaste cour de service, et de chaque côté de cette cour des bâtiments communaux, l'un pouvant être destiné à une Gendarmerie — l'autre à la Poste et au Télégraphe, et à côté le dépôt des pompes à incendie et une bascule ou poids public.

Examinant la question au point de vue des revenus que cette dépense pourrait créer à la caisse municipale, nous obtiendrons les résultats suivants, basés sur l'expérience des faits acquis, soit à Biarritz, soit à Bayonne.

HALLE

Surface utilisée, 400 mètres carrés

Cette surface serait divisée en catégories, d'importance différente et réglée suivant les exigences de chacune d'elles, de la manière suivante :

1re Catégorie. — Boucherie et charcuterie 1000 mèt. car. à 80 fr. . . . .   8,000 fr.

A Reporter . . . . .   8,000 fr.

Report. . . . .   8,000 fr.

2ᵉ Catégorie. — Poissons, huîtres, coquil-
lages, 50 mèt. car. à 75 fr., ci. . . . .   3,750 fr.

3ᵉ Catégorie. — Fruits, 80 mèt. carrés à
75 fr., ci. . . . .   6,000 fr.

4ᵉ Catégorie. — Boulangerie, épicerie, vo-
lailles, grains et légumes, 50 mèt. car. à 70
fr., ci. . . . .   3,500 fr.

5ᵉ Catégorie. — Légumes verts, 120 mèt.
car. à 40 fr., ci. . . . .   4,800 fr.

Si nous supposons en sous-sol les 3/4 de
la surface seulement, nous avons 300 mèt.
pouvant être évalués à un prix moyen de
30 fr., ci. . . . .   9,000 fr.

Enfin, 300 mètres de trottoirs autour, uti-
lisables, au prix de 0 fr. 10, ci. . . . . . .   9,000 fr.

Total . . . . .   **44,050 fr.**

En admettant un déficit de 9,050 fr. pour non-loca-
tion, frais de perception, etc., on obtient un revenu net de
35,000 francs, ce qui constitue, vous le voyez, Messieurs,
une bonne opération pour la ville.

LE GRAND BOULEVARD

Le projet du grand boulevard dont il est ici question,
est celui qui vous a été déjà soumis il y a peu de temps,
et que vous avez, à l'unanimité, déclaré d'utilité publique.

La reconstruction récente de la partie sud-ouest du
Casino, a eu pour effet de rendre la circulation très-diffi-
cile et quelquefois même dangereuse, sur le chemin si
important qui borde l'Océan. Tous les jours, la circulation, sur ce point, devient plus active, elle va s'augmen-

ter dans un avenir prochain, alors que les constructions projetées et en cours d'exécution sur les nouveaux terrains du Palais-Biarritz, seront terminées. — Vous avez été tous frappés, Messieurs, du grand intérêt qu'il y a pour la ville à rendre l'accès des plages accessible de la place Belle-Vue. Toutes ces conditions réunies imposent aux édiles le devoir de presser par tous les moyens possibles, la mise à exécution d'un projet qui constituera un des grands embellissements de notre ville.

Les plans et devis sont terminés, il vous ont été soumis, vous les avez approuvés ; votre commission dès lors, doit se borner à rappeler à la Commission des finances, que les dépenses nécessaires à ces travaux s'élèveront à environ . . . .   60.000 fr.

ABATTOIRS

L'abattoir actuel que vous connaissez tous, est bâti sur le flanc de la falaise des Basques, dans une situation telle qu'il est impossible de songer à un agrandissement sur place. Déjà à deux reprises il a été augmenté au moyen de baraques ou bâtiments en charpente, et malgré ces additions, il est notoirement insuffisant

Le Conseil municipal saisi de cette question, a voulu lui-même examiner les lieux afin de se rendre un compte bien exact de l'état actuel, et il a reconnu :

1° Qu'il était impossible de se servir des bâtiments existants ;

2° Qu'il ne fallait pas s'arrêter à l'idée d'une reconstruction sur place ; il a décidé, *ipso facto,* que les abattoirs à créer devaient répondre à un programme spécial étudié, en tenant compte de l'augmentation probable de la population, et des progrès nouveaux réalisés en vue de faciliter le travail qui s'opère dans ces bâtiments.

Il a décidé, en outre, que l'on profiterait des terrains que la ville possède tout près des anciens abattoirs, pour leur nouvel établissement ; ils sont d'ailleurs situés sur un plateau d'une surface plus que suffisante, et assez bas, pour que les bâtiments qui y seront élevés, ne gênent point la vue de la route des Basques, ni des terrains au-delà de cette voie.

Enfin, l'enquête légale a eu lieu, et aucune réclamation de nature à empêcher ce choix ne s'étant produite, il semble qu'il soit définitivement acquis.

Nous devons donc nous borner à examiner la question au point de vue de la dépense que va occasionner la construction des abattoirs.

Faisons tout d'abord remarquer, que ces constructions, qui doivent toujours être étudiées dans le sens le plus pratique et le plus économique, ne sont pas de nature à créer des embarras financiers à la commune. La loi n'autorisant pas à spéculer sur de semblables constructions, veut que les revenus en soient réglés de telle sorte, qu'ils assurent le paiement des intérêts avec amortissement dans un temps donné, du capital que les constructions auront absorbé.

L'importance des bâtiments est toute indiquée par le recensement des animaux abattus dans la dernière année, et qui donne les résultats suivants :

```
Bœufs.   .    698, pesant ensemble 187.190 kilog.
Veaux.  . 3.353,        id.        97.544
Moutons. 2.870,        id.        46.901
Porcs . . 1.006,        id.        72.507
```

Si l'on ne veut s'exposer à des mécomptes, il faut prévoir que ces chiffres pourront être doublés. Dès lors, l'emplacement indispensable doit avoir une surface de 4,500 mètres carrés, pouvant être obtenus par un rectangle de 75 mètres de longueur sur 60 de largeur, nécessaire à l'importance des bâtiments, qui comprendraient :

10 loges d'abattage avec séchoirs pour les peaux.
1 bouverie de 30 bœufs.
1 bergerie.

La bouverie et la bergerie, pourvues de greniers à fourrages avec compartiments.

1 porcherie et échaudoirs.

1 bâtiment pour fondoirs, triperie, saloir des cuirs, etc.

1 petit bâtiment pour le traitement des issues.

1 logement du concierge, d'employé d'octroi et bascule.

Des remises pour les attelages des bouchers, enfin les murs de clôture.

Prenant pour base d'appréciation des abattoirs récemment bâtis, et répondant à toutes les exigences du programme que nous venons d'esquisser, nous pouvons indiquer avec certitude que ces bâtiments nécessiteront une dépense de cent cinquante mille francs.

Ci. . 150.000 fr.

ECOLES MIXTES

Depuis que les écoles communales sont bâties, quoique ces constructions ne remontent qu'à quelques années à peine, Biarritz s'est tellement développé du côté du sommet de la rue de France et du quartier Larochefoucauld, qu'il devient nécessaire de construire de ce côté une école de garçons et de filles.

Il faudrait en faire autant au quartier de la Négresse qui devient tous les jours plus important.

Vous n'ignorez pas, Messieurs, que le gouvernement, qui porte un très haut intérêt à tout ce qui touche à l'instruction, a fait étudier un programme nouveau, en conformité duquel doivent être exécutées les écoles nouvelles. — Il a fondé une caisse, dite caisse d'écoles, chargée de prêter aux communes les sommes permettant de faire face aux dépenses nécessitées par ces établissements.

C'est donc un emprunt spécial à cette caisse que la ville de Biarritz devra faire, à bref délai.

Ces écoles mixtes sont appelées à rendre de grands services, et elles auront pour effet de faciliter l'application de la nouvelle loi sur l'instruction.

Votre commission connaît trop les sentiments du Conseil et le zèle dont il est animé, pour insister davantage, persuadée d'avance qu'il sera unanime à demander avec instances, tout ce qui peut aider à développer l'instruction populaire.

RÉSUMÉ

Des dépenses nécessaires à la réalisation du programme présenté par l'Administration

---

Travaux de première urgence

1. Le cimetière annexe.	140.000 fr.
2. L'alimentation hydraulique . . .	320.000
3. Les égouts.	560.000
4. Les lavoirs publics	37.000
5. Le marché couvert	200.000
Total . .	1.257.000 fr.

Travaux de deuxième urgence

1. Le grand boulevar^d longeant l'océan	60.000 fr.
2. L'abattoir	150.000
3. Deux écoles mixtes (pour mémoire la somme nécessaire devant être demandée à la caisse des écoles)	»»
Total . .	210.000 fr.

Total des travaux de première urgence	1.257.000 fr.
id. id. de deuxième urgence	210.000
Total général . .	1.467.000 fr.

Il ressort de ce résumé, que pour réaliser dans son entier le programme des grands travaux présenté par l'Administration, la ville de Biarritz doit dépenser un million cinq cent mille francs.

La Commission des finances devant s'occuper de rechercher les voies et moyens les plus propres à la réalisation de l'emprunt, notre mission est terminée.

Cependant, avant de clore ce rapport, votre Commission tient à vous faire connaître son impression intime, impression qui n'a fait que s'affirmer davantage au fur et à mesure que les recherches auxquelles elle se livrait pour étudier les différentes questions à traiter, faisait la lumière sur chacune d'elles ; et c'est avec un accord unanime et une conviction profonde, qu'elle pense que l'avenir de Biarritz dépend en grande partie de l'exécution plus ou moins rapide de l'ensemble de ces travaux. C'est par une étude consciencieuse du programme administratif, et avec une entière indépendance, que cette conviction s'est formée. Forte de cette pensée, elle espère que le Conseil tout entier partagera ses vues, qui ne sont dictées que par l'intérêt qu'apporte chacun de nous à la fortune de Biarritz.

Biarritz, le 14 avril 1882.

Le rapporteur de la Commission des Grands Travaux,

TISNÈS.

Approuvé par les Membres de la Commission :

MM. ETCHEBÉHÈRE, FORSANS, JOLLY, MORIN.